MW01114942

5 DAKİKADAN DAHA KÜÇÜK KAHVE TARİFLERİ YEMEK KİTABI

TADI BAR GIBI OLAN 100 KAHVE VE ESPRESSO EV YAPIMI TARIF!

GÜLBAHAR AYDIN

Tüm hakları Saklıdır.

sorumluluk reddi

Bu e-Kitapta yer alan bilgiler, bu e-Kitabın yazarının hakkında araştırma yaptığı kapsamlı bir stratejiler koleksiyonu olarak hizmet etmeyi amaçlamaktadır. Özetler, stratejiler, ipuçları ve püf noktaları yalnızca yazar tarafından tavsiye edilir ve bu e-Kitabı okumak, sonuçların yazarın sonuçlarını tam olarak yansıtacağını garanti etmez. E-Kitabın yazarı, e-Kitabın okuyucularına güncel ve doğru bilgiler sağlamak için tüm makul çabayı göstermiştir. Yazar ve ortakları, bulunabilecek herhangi bir kasıtsız hata veya eksiklikten sorumlu tutulamaz. E-Kitaptaki materyal üçüncü şahısların bilgilerini içerebilir. Üçüncü taraf materyalleri, sahipleri tarafından ifade edilen görüşlerden oluşur. Bu nedenle, e-Kitabın yazarı herhangi bir üçüncü taraf materyali veya görüşü için sorumluluk veya yükümlülük üstlenmez.

İÇİNDEKİLER

MOCHA87

BAHARATLI KAHVE120

FRAPPUCCINO VE KAPPUCİNO154

MEYVELİ KAHVE175

KAHVE KARIŞIMLARI196

ÇÖZÜM221

GİRİİŞ

Kahveyi neden bu kadar çok seviyoruz? Eh, süper lezzetli olması dışında! Milyonlarca insanın her sabah ulaştığı ilk şey dumanı tüten bir fincan kahvedir ve bu insanların bunu her gün yapmasının birçok nedeni vardır. İçindeki kafein, insanların neden kahve içtiği konusunda iki rol oynar. Birincisi, kahvedeki kafein, insanların kanını hareket ettirmeye yardımcı olur ve onları enerjik hissettirir. Sabahın erken saatlerinde çalışanlar, iş günlerini atlatmalarına yardımcı olmak için kahvelerine güvenme eğilimindedir. Kafeinin insanların kahve içmesinin bir diğer nedeni de bağımlılık yapmasıdır. Kahvede, bağımlılık yapan özelliklerine katkıda bulunan birçok kimyasal vardır ve en önemlisi kafeindir. Kafein yoksunluğu baş ağrısına ve sinirliliğe neden olabilir ve birçok insan kahvesini bırakmamayı tercih eder.

Kahve, popülaritesi alkole benzer çok sosyal bir içecek haline geldi. Sabahları yerel kahve dükkanında arkadaşlarla takılmak veya iş tartışmak için buluşmak için ideal yerlerdir. İnsanlar bu toplantılarda hoşlansalar da hoşlanmasalar da kahve içmeye eğilimlidirler ve bu da kahveye karşı bir tat geliştirmelerine yardımcı olur ve daha sonra bağımlılık yapar.

Kahve tiryakileri kahveyi rahatlamak için içtiklerini söylerler. Kahvenin bir uyarıcı, sıcak bir fincan kafeinsiz kahve veya bazı insanlar için normal kahvenin bile duyuları gevşettiği ve sinirlerini yatıştırmasına yardımcı olduğu düşünüldüğünde bu bir oksimoron gibi görünse de. Araştırmacılar sakinleştirici etkiyi, yaratıcılığa ve zihinsel uyarana yardımcı olan duyuların uyarılmasına bağlıyor ve bu da bazı insanları sakinleştirmeye yardımcı oluyor.

BUZLU KAHVE

1. Buzlu Mochacchino

İçindekiler:

- 1/2 fincan demlenmiş espresso, soğutulmuş
- 6 yemek kaşığı çikolata şurubu
- 1 yemek kaşığı şeker
- 1/2 su bardağı Süt
- 1 su bardağı vanilyalı dondurma veya donmuş yoğurt
- 1/4 fincan Ağır krema, yumuşak çırpılmış

Talimatlar

a) Espresso, çikolata şurubu, şeker ve sütü bir karıştırıcıya koyun ve birleştirmek için karıştırın.

b) Dondurma veya yoğurdu ekleyin ve pürüzsüz olana kadar karıştırın.

c) Karışımı iki soğutulmuş bardağa dökün ve her birinin üzerine krem şanti ve çikolata bukleleri ya da tarçın veya kakao serpin.

2. Bademli Buzlu Kahve

İçindekiler:

- 1 fincan güçlü demlenmiş kahve
- 1 su bardağı yağsız süt
- 1/2 çay kaşığı vanilya özü
- 1/2 çay kaşığı badem özü
- 1 çay kaşığı şeker
- Garnitür için tarçın
- tatlı tepesi

Talimatlar

a) 1 fincan güçlü demlenmiş kahveyi 1 fincan yağsız sütle vanilya özü, badem özü ve şekeri birleştirin.

b) 2 - 10 ons buzla doldurulmuş bardaklara dökün

c) Tarçınla süsleyin.

3. Buzlu Tarçınlı Kahve

İçindekiler:

- 4 fincan Sert kahve (2 ila 4 çay kaşığı anında 1 fincan Kaynar su kullanın)
- 1 3" çubuk tarçın, küçük parçalar halinde kırılmış
- 1/2 su bardağı Ağır krema
- Kahve şurubu-şurupları birçok aromada gelir. Vanilya tarçını tamamlayacaktır.

Talimatlar

a) Tarçın parçalarının üzerine sıcak kahve dökün; örtün ve yaklaşık 1 saat bekletin.

b) Tarçın çıkarın ve krema ile karıştırın. İyice soğutun.

c) Servis yapmak için buz dolu bardaklara dökün. İstenilen miktarda Kahve Şurubu ile karıştırın.

d) İstenirse, şekerli çırpılmış krema ile doldurun ve öğütülmüş tarçın serpin. Karıştırıcı olarak tarçın çubukları kullanın.

4. Kahve Buz

İçindekiler:

- 2 fincan demlenmiş espresso
- 1/4 su bardağı Şeker
- 1/2 çay kaşığı öğütülmüş tarçın

Talimatlar

a) Orta ateşte bir tencerede, sadece çözünmesi için tüm malzemeleri kaynatın.

b) Karışımı metal bir kaba koyun, üzerini örtün ve en az 5 saat dondurun, dıştaki donmuş karışımı merkeze doğru her yarım saatte bir karıştırarak, sertleşene kadar ancak katı bir şekilde donmadan dondurun.

c) Servis yapmadan hemen önce, dokuyu hafifletmek için karışımı bir çatalla kazıyın. 4 (1/2 fincan) porsiyon yapar.

5. Buzlu Cafe Au Lait

İçindekiler:

- 2 1/4 Soğuk Taze Demlenmiş Kahve
- 2 su bardağı Süt
- 2 Bardak Ezilmiş Buz
- Tadımlık şeker

Talimatlar

a) Tüm malzemeleri bir karıştırıcıda karıştırın.
b) Şekeri ilave edip köpürene kadar karıştırmaya devam edin.
c) buzun üzerine dökün
d) Hemen servis yapın.

6. Kremalı Buzlu Kahve

İçindekiler:

- 1 su bardağı Soğutulmuş Güçlü Demlenmiş Kahve
- 2 Yuvarlak yemek kaşığı Şekerleme Şekeri
- 3 su bardağı doğranmış buz

Talimatlar

a) Kahve, şeker ve buzu birleştirin

b) krema kıvamına gelene kadar karıştırın

7. Buzlu Baharatlı Kahve

4 bardak yapar

İçindekiler

- 1/2 fincan kaba öğütülmüş kahve
- 4 su bardağı oda sıcaklığında su
- 1 tarçın çubuğu
- 1 bütün hindistan cevizi, ezilmiş
- Servis için süt veya krema
- Servis için bal veya şeker

Talimatlar

a) Kahveyi kabaca öğütün. Tarçın çubuğunu ve bütün hindistan cevizini hafifçe ezmek için bir çekiç kullanın.

b) Büyük bir kapta kahve ve baharatları ve oda sıcaklığında veya hafif ılık su ekleyin. Birlikte karıştırın ve en az 4 saat veya ideal olarak gece boyunca demlenmesini bekleyin.

c) Bir Fransız presi kullanarak veya bir filtreden süzülmesine izin vererek kahveyi süzün.

d) Kahveyi buzun üzerine dökün ve isterseniz biraz tatlandırıcı ve/veya krema veya süt ekleyin. Yine de harika bir siyah!

ALKOLLÜ KAHVE

8. romlu kahve

İçindekiler:

- 12 oz. Taze çekilmiş kahve, tercihen çikolatalı nane veya İsviçre çikolatası
- 2 oz. veya daha fazla 151 Rum
- 1 Büyük kepçe krem şanti
- 1 oz. Baileys İrlanda Kreması
- 2 yemek kaşığı çikolata şurubu

Talimatlar

a) Kahveyi taze öğütün.
b) Demlemek.
c) Büyük bir bardağa 2+ oz koyun. altta 151 rom.
d) Sıcak kahveyi kupanın 3/4'üne kadar dökün.
e) Bailey's Irish Cream'i ekleyin.
f) Karıştırmak.
g) Üzerine taze krem şanti ve çikolata şurubu gezdirin.

9. Kahlua İrlanda Kahvesi

İçindekiler:

- 2 oz. Kahlua veya kahve likörü
- 2 oz. İrlanda viskisi
- 4 fincan Sıcak kahve
- 1/4 su bardağı krem şanti, çırpılmış

Talimatlar

a) Her bir bardağa yarım ons kahve likörü dökün. Her birine yarım ons İrlanda Viski ekleyin

b) Fincan. Taze demlenmiş sıcak kahveyi buharla dökün, karıştırın. Kaşık iki tepeleme

c) her birinin üzerine bir yemek kaşığı krem şanti. Sıcak servis yapın, ancak çok sıcak değil, dudaklarınızı kavurun.

10. Bailey'nin İrlanda Cappuccino'su

İçindekiler:

- 3 oz. Bailey İrlanda Kreması
- 5 oz. Sıcak kahve -
- Konserve tatlı tepesi
- 1 çizgi Hindistan cevizi

Talimatlar

a) Bailey's Irish Cream'i bir kahve fincanına dökün.

b) Sıcak siyah kahve ile doldurun. Tek bir tatlı tepesi spreyi ile doldurun.

c) Bir tutam hindistan cevizi ile tepesinde toz tatlı

11. Brendi Kahvesi

İçindekiler:

- 3/4 fincan Sıcak Sert Kahve
- 2 ons Brendi
- 1 çay kaşığı şeker
- 2 ons Ağır Krem

Talimatlar

a) Kahveyi uzun bir bardağa dökün. Şekeri ekleyin ve çözünmesi için karıştırın.

b) Brendi ekleyin ve tekrar karıştırın. Kremayı, bir çay kaşığının arkasına, tutarken fincandaki kahvenin üst kısmının biraz üstüne dökün. Bu onun yüzmesini sağlar.

c) Servis.

12. Kahlua ve çikolata sosu

İçindekiler:

- 6 fincan Sıcak kahve
- 1 su bardağı çikolata şurubu
- 1/4 su bardağı Kahlua
- $\frac{1}{8}$ çay kaşığı öğütülmüş tarçın
- Krem şanti

Talimatlar

a) Kahve, çikolata şurubu, Kahlua ve tarçını büyük bir kapta birleştirin; iyice karıştırın.

b) Hemen servis yapın. Çırpılmış krema ile üst.

13. Ev Yapımı Kahve Likörü

İçindekiler:

- 4 su bardağı şeker
- 1/2 fincan Hazır kahve - filtrelenmiş su kullanın
- 3 su bardağı Su
- 1/4 çay kaşığı Tuz
- 1 1/2 bardak Votka, yüksek dayanıklı
- 3 yemek kaşığı Vanilya

Talimatlar

a) Şeker ve suyu birleştirin; şeker eriyene kadar kaynatın. Kaynatmak için ısıyı azaltın ve 1 saat pişirin.

b) SOĞUTMA.

c) Votka ve vanilyayı karıştırın.

14. Kahlua Brendi Kahvesi

İçindekiler:

- 1 ons Kahlua
- 1/2 ons Brendi
- 1 fincan Sıcak Kahve
- Üzeri için krem şanti

Talimatlar

a) Kahveye Kahlua ve brendi ekleyin
b) Krem şanti ile süsleyin

15. Kireç Tekila Espresso

İçindekiler:
- Çift shot espresso
- 1 shot Beyaz Tekila
- 1 taze kireç

Talimatlar
a) Espresso bardağının kenarına bir dilim limon sürün.
b) Bir duble espressoyu buzun üzerine dökün.
c) Beyaz Tekila'dan tek bir atış ekleyin
d) Servis

16. Şekerli Brendi Kahvesi

İçindekiler:

- 1 su bardağı Taze Demlenmiş Kahve
- 1 oz. Kahve likörü
- 1 tatlı kaşığı çikolata şurubu
- 1/2 oz. Brendi
- 1 Çizgi Tarçın
- Tatlı Krem Şanti

Talimatlar

a) Kahve likörü, brendi, çikolata şurubu ve tarçını bir kupada birleştirin. Taze demlenmiş kahve ile doldurun.

b) Çırpılmış krema ile üst.

17. Akşam Yemeği Partisi Kahvesi

İçindekiler:

- 3 fincan Çok sıcak kafeinsiz Kahve
- 2 yemek kaşığı Şeker
- 1/4 su bardağı açık veya koyu rom

Talimatlar

a) Çok sıcak kahve, şeker ve romu ısıtılmış bir tencerede birleştirin.

b) Gerektiği kadar ikiye katlayın.

18. Tatlı Akçaağaç Kahvesi

İçindekiler:

- 1 su bardağı Yarım buçuk
- 1/4 su bardağı akçaağaç şurubu
- 1 su bardağı sıcak demlenmiş kahve
- Şekerli krem şanti

Talimatlar

a) Orta ateşte bir tencerede yarım buçuk ve akçaağaç şurubu pişirin. Sürekli karıştırarak, iyice ısınana kadar. Karışımın kaynamasına izin vermeyin.

b) Kahveyi karıştırın ve şekerli çırpılmış krema ile servis yapın.

19. Dublin Rüyası

İçindekiler:

- 1 yemek kaşığıHazır kahve
- 1 1/2 yemek kaşığı Anında sıcak çikolata
- 1/2 oz. İrlandalı kremalı likör
- 3/4 su bardağı Kaynar su
- 1/4 su bardağı çırpılmış krema

Talimatlar

a) İrlanda kahvesi bardağına krem şanti hariç tüm malzemeleri koyun.

b) İyice karışana kadar karıştırın ve krem şanti ile süsleyin.

20. Di Saronno Kahve

İçindekiler:

- 1 oz. Di saronno amaretto
- 8 oz. Kahve
- Krem şanti

Talimatlar

a) Di Saronno Amaretto'yu kahve ile karıştırın, ardından çırpılmış krema ile doldurun.

b) İrlanda kahve kupasında servis yapın.

21. Baja Kahvesi

İçindekiler:

- 8 su bardağı sıcak su
- 3 yemek kaşığı granül kahve
- 1/2 su bardağı Kahve likörü
- 1/4 su bardağı Crème de Cacao likörü
- 3/4 su bardağı krem şanti
- 2 yemek kaşığı rendelenmiş yarı tatlı çikolata

Talimatlar

a) Yavaş ocakta sıcak su, kahve ve likörleri birleştirin.

b) Örtün ve DÜŞÜK 2-4 saat ısıtın. Kupalara veya ısıya dayanıklı bardaklara koyun.

c) Üzerine krem şanti ve rendelenmiş çikolata serpin.

22. Pralin Kahve

İçindekiler:

- 3 su bardağı sıcak demlenmiş kahve
- 3/4 bardak Yarım buçuk
- 3/4 bardak Sıkıca paketlenmiş esmer şeker
- 2 Yemek Kaşığı Tereyağı veya margarin
- 3/4 su bardağı Pralin likörü
- Şekerli krem şanti

Talimatlar

a) İlk 4 malzemeyi büyük bir tencerede orta ateşte sürekli karıştırarak iyice ısınana kadar pişirin, kaynatmayın.

b) likörde karıştırın; şekerli krem şanti ile servis yapın.

23. Pralin Likörü

İçindekiler:

- 2 su bardağı Koyu Kahverengi Şeker- sıkıca paketlenmiş
- 1 su bardağı Beyaz Şeker
- 2 1/2 su bardağı Su
- 4 su bardağı Pekan Parçaları
- 4 Vanilya Fasulyesi uzunlamasına bölünmüş
- 4 bardak votka

Talimatlar

a) Esmer şeker, beyaz şeker ve suyu bir tencerede orta ateşte karışım kaynamaya başlayana kadar karıştırın. Isıyı azaltın ve 5 dakika pişirin.

b) Vanilya çekirdeklerini ve cevizleri büyük bir cam kavanoza koyun (bu 4 1/2 bardak yapar) Sıcak karışımı kavanoza dökün ve soğumaya bırakın.

c) Sıkıca kapatın ve karanlık bir yerde saklayın. Tüm malzemeleri bir arada tutmak için sonraki 2 hafta boyunca her gün kavanozu ters çevirin. 2 hafta sonra, katıları atarak karışımı süzün.

24. Amaretto Cafe'

İçindekiler:

- 1 1/2 su bardağı Ilık Su
- 1/3 su bardağı Amaretto
- 1 yemek kaşığı hazır kahve kristalleri
- Çırpılmış krema tepesi

Talimatlar

a) Mikrodalgaya uygun bir kapta su ve hazır kahve kristallerini karıştırın.

b) Mikrodalga kapağı açık, yaklaşık 3 dakika veya sadece sıcak buhar çıkana kadar %100 güçte.

c) Amaretto'yu karıştırın. Şeffaf cam bardaklarda servis yapın. Her bir fincan kahve karışımını biraz tatlı tepesi ile doldurun.

25. Cafe Au Cin

İçindekiler:

- 1 fincan Soğuk Güçlü Fransız kavrulmuş kahve
- 2 yemek kaşığı Toz şeker
- çizgi Tarçın
- 2 oz. sarımsı kahverengi liman
- 1/2 çay kaşığı rendelenmiş portakal kabuğu

Talimatlar

a) Bir karıştırıcıda yüksek hızda birleştirin ve karıştırın.

b) Soğutulmuş şarap bardaklarına dökün.

26. çivili kapuçino

İçindekiler:

- 1/2 su bardağı
- 1/2 fincan Taze demlenmiş espresso
- 2 yemek kaşığı Brendi
- 2 yemek kaşığı Beyaz rom
- 2 yemek kaşığı koyu krema de kakao
- Şeker

Talimatlar

a) Küçük bir tencerede, yüksek ateşte yaklaşık 3 dakika köpürene kadar yarım buçuk çırpın.

b) Espresso kahveyi 2 fincan arasında bölün. Her bardağa brendi yarısını ve kakao kremasının yarısını ekleyin.

c) Yarım buçuk tekrar çırpın ve bardaklara dökün.

d) Şeker isteğe bağlıdır

27. Gal Kahvesi

İçindekiler:

- Siyah kahve; taze yapılmış
- İskoç viskisi
- Ham kahverengi şeker
- Gerçek krem şanti; biraz kalınlaşana kadar çırpılmış

Talimatlar

a) Kahveyi ısıtılmış bir bardağa dökün.

b) Tadına viski ve esmer şeker ekleyin. İyice karıştırın.

c) Bardağın içindeki sıvının hemen üstünde bir çay kaşığının arkasından bardağa hafif çırpılmış krema dökün.

d) Biraz yüzmelidir.

28. Kanada Kahvesi

İçindekiler:

- 1/4 su bardağı Akçaağaç şurubu; saf
- 1/2 bardak Çavdar viskisi
- 3 fincan Kahve; sıcak, siyah, çift güç

Süsleme:

- 3/4 su bardağı krem şanti
- 4 çay kaşığı Saf Akçaağaç şurubu

Talimatlar

a) 3/4 fincan çırpılmış kremayı 4 çay kaşığı Akçaağaç şurubu ile yumuşak bir tepecik oluşturana kadar çırpın.

b) Akçaağaç şurubu ve viskiyi önceden ısıtılmış 4 adet ısıya dayanıklı cam bardağa bölün.

c) Kahveyi üstten 1 inç kadar dökün.

d) Kahvenin üzerine kaşık kaşık.

e) Servis

29. Alman Kahvesi

İçindekiler:

- 1/2 ons kiraz brendi
- 5 ons taze siyah kahve
- 1 tatlı kaşığı şekerli krem şanti
- Maraschino kiraz

Talimatlar

a) Kahveyi ve Vişneli brendi bir kahve
   fincanına dökün ve tatlandırmak için
   şekeri ekleyin.

b) Çırpılmış krema ve maraschino kirazı ile
   süsleyin.

30. Danimarka Kahvesi

İçindekiler:

- 8 c Sıcak kahve
- 1 c Koyu rom
- 3/4 c Şeker
- 2 tarçın çubuğu
- 12 Karanfil (bütün)

Talimatlar

a) Çok büyük, ağır bir tencerede, tüm malzemeleri birleştirin, örtün ve yaklaşık 2 saat kısık ateşte tutun.

b) Kahve kupalarında servis yapın.

31. İrlanda kahvesi Shooter Milkshake

İçindekiler:

- 1/2 su bardağı Yağsız süt
- 1/2 su bardağı sade az yağlı yoğurt
- 2 çay kaşığı şeker
- 1 tatlı kaşığı hazır kahve tozu
- 1 tatlı kaşığı İrlanda viskisi

Talimatlar

a) Tüm malzemeleri düşük hızda bir karıştırıcıya yerleştirin.

b) Malzemelerinizin birbirine karıştığını görene kadar karıştırın.

c) Sunum için uzun bir sallama bardağı kullanın.

32. İyi Eski İrlandalı

İçindekiler:

- 1.5 ons İrlanda Kremalı Likör
- 1.5 ons İrlanda Viski
- 1 fincan sıcak demlenmiş kahve
- 1 yemek kaşığı krem şanti
- 1 tutam hindistan cevizi

Talimatlar

a) Bir kahve kupasında İrlanda kremasını ve İrlanda Viskisini birleştirin.

b) Kupayı kahve ile doldurun. Bir parça çırpılmış krema ile üst.

c) Bir tutam hindistan cevizi ile süsleyin.

33. Bushmills İrlanda Kahvesi

İçindekiler:

- 1 1/2 ons Bushmills İrlanda viskisi
- 1 tatlı kaşığı esmer şeker (isteğe bağlı)
- 1 çizgi Crème de menthe, yeşil
- Ekstra Güçlü taze kahve
- Krem şanti

Talimatlar

a) İrlanda kahve fincanına viski dökün ve kahve ile üstten 1/2 inç doldurun. Tat vermek ve karıştırmak için şeker ekleyin. Üstüne krem şanti ve çiseleyen krem şanti sürün.

b) Fincanın kenarını kaplamak için şekere batırın.

34. Güçlü İrlanda Kahvesi

İçindekiler:

- 1 su bardağı sert kahve
- 1 1/2 oz. İrlanda viskisi
- 1 çay kaşığı şeker
- 1 yemek kaşığı Krem şanti

Talimatlar

a) Mikrodalgaya uygun büyük bir kupada kahve, şeker ve viskiyi karıştırın.

b) Yüksek 1 ila 2 dakika mikrodalga. Çırpılmış krema ile üst

c) İçerken dikkatli olun, soğuması biraz zaman alabilir.

35. Kremalı İrlanda Kahvesi

İçindekiler:

- 1/3 su bardağı İrlanda Kremalı Likör
- 1 1/2 su bardağı Taze Demlenmiş Kahve
- 1/4 fincan Ağır Krem, hafif şekerli ve çırpılmış

Talimatlar

a) Likörü ve kahveyi 2 bardağa bölün.

b) Çırpılmış krema ile üst.

c) Servis.

36. Eski Moda İrlanda Kahvesi

İçindekiler:

- 3/4 su bardağı Ilık Su
- 2 yemek kaşığı İrlanda Viski
- tatlı tepesi
- 1 1/2 kaşık Hazır Kahve Kristalleri
- Esmer Şeker

Talimatlar

a) Su ve hazır kahve kristallerini birleştirin. Mikrodalga, üstü açık, açık

b) Yaklaşık 1 1/2 dakika veya sadece buharlaşana kadar %100 güç. İrlanda viskisi ve esmer şekeri karıştırın.

37. Lattetini

İçindekiler:

- 1 parça Kremalı Likör
- $1\frac{1}{2}$ parça Votka

Talimatlar

a) Buzla çalkalayın ve bir Martini bardağına süzün.

b) Zevk almak

MOCHA

38. Buzlu Mocha Kapuçino

İçindekiler:

- 1 yemek kaşığı çikolata şurubu
- 1 fincan Sıcak duble espresso veya çok sert kahve
- 1/4 su bardağı
- 4 buz küpü

Talimatlar

a) Çikolata şurubu eriyene kadar sıcak kahveye karıştırın. Bir karıştırıcıda kahveyi yarım buçuk ve buz küpleriyle birleştirin.

b) 2 ila 3 dakika yüksek hızda karıştırın.

c) Hemen uzun, soğuk bir bardakta servis yapın.

39. Orijinal Buzlu Kahve

İçindekiler:

- 1/4 fincan Kahve; anında, düzenli veya kafeinsiz
- 1/4 su bardağı Şeker
- 1 litre veya çeyrek soğuk Süt

Talimatlar

a) Hazır kahve ve şekeri sıcak suda eritin. 1 litre veya çeyrek soğuk sütü karıştırın ve buz ekleyin. Mocha aroması için çikolatalı süt kullanın ve tadına şeker ekleyin.

b) 1 yemek kaşığı eritinhazır kahve birnd 2 yemek kaşığı şeker 1 yemek kaşığı sıcak suda.

c) 1 su bardağı soğuk sütü ekleyip karıştırın.

d) Şeker yerine düşük kalorili tatlandırıcı ile tatlandırabilirsiniz.

40. Mocha Aromalı Kahve

İçindekiler:

- 1/4 su bardağı süt içermeyen krema kuru
- 1/3 su bardağı Şeker
- 1/4 su bardağı kuru hazır kahve
- 2 yemek kaşığı kakao

Talimatlar

a) Tüm malzemeleri miksere koyun, iyice karışana kadar yüksek devirde çırpın. 1 1/2 yemek kaşığı kaşığı bir bardak sıcak su ile karıştırın.

b) Hava geçirmez kavanozda saklayın. Konserve kavanozu gibi.

41. Baharatlı Meksika Mocha

İçindekiler:

- 6 Ons Sert Kahve
- 2 Yemek Kaşığı Pudra Şekeri
- 1 yemek kaşığı şekersiz toz çikolata
- 1/4 çay kaşığı Vietnamca Cassia Tarçın
- 1/4 çay kaşığı Jamaika Yenibaharı
- 1/8 çay kaşığı Cayenne Biber
- 1-3 yemek kaşığı Ağır Krem veya yarım buçuk

Talimatlar

a) Küçük bir kapta, tüm kuru malzemeleri birlikte karıştırın.

b) Kahveyi büyük bir bardağa dökün, kakao karışımını pürüzsüz olana kadar karıştırın.

c) Daha sonra tadına göre kremayı ekleyin.

42. çikolatalı kahve

İçindekiler:

- 2 yemek kaşığı hazır kahve
- 1/4 su bardağı Şeker
- 1 çizgi Tuz
- 1 oz. Kare şekersiz çikolata
- 1 su bardağı Su
- 3 su bardağı Süt
- Krem şanti

Talimatlar

a) Tencerede kahve, şeker, tuz, çikolata ve suyu birleştirin; çikolata eriyene kadar kısık ateşte karıştırın. Sürekli karıştırarak 4 dakika kaynatın.

b) Yavaş yavaş süt ekleyin, ısıtılana kadar sürekli karıştırın.

c) Sıcakken ocaktan alın ve mikserle köpük köpük olana kadar çırpın.

d) Bardaklara dökün ve her birinin yüzeyinde bir parça çırpılmış krema gezdirin.

43. Nane Mocha Kahve

İçindekiler:

- 6 su bardağı Taze Demlenmiş Kahve
- 1 1/2 su bardağı Süt
- 4 ons Yarı Tatlı Çikolata
- 1 tatlı kaşığı nane özü
- 8 Nane Çubuğu

Talimatlar

a) Kahveyi, sütü, çikolatayı büyük bir tencereye koyun, kısık ateşte 5-7 dakika veya çikolata eriyene kadar, karışım ısınana kadar ara sıra karıştırın.

b) nane özü karıştırın

c) Bardaklara dökün

d) Bir nane çubuğu ile süsleyin

44. Mocha İtalyan Espressosu

İçindekiler:

- 1 fincan Hazır Kahve
- 1 su bardağı şeker
- 4 1/2 su bardağı Yağsız Kuru Süt
- 1/2 su bardağı Kakao

Talimatlar

a) Tüm malzemeleri birlikte karıştırın.

b) Toz haline gelene kadar blenderdan geçirin.

c) Küçük bir bardak sıcak suya 2 yemek kaşığı kullanın.

d) Espresso fincanlarında servis yapın

e) Yaklaşık 7 bardak karışım yapar

f) Sıkıca takılan kapaklı bir kavanozda saklayın.

g) Konserve kavanozları kahve depolamak için iyi çalışır.

45. çikolatalı kahveler

İçindekiler:

- 1/4 fincan Anında espresso
- 1/4 fincan Anında kakao
- 2 su bardağı Kaynar su-filtrelenmiş su kullanmak en iyisidir
- Krem şanti
- İnce rendelenmiş portakal kabuğu veya öğütülmüş tarçın

Talimatlar

a) Kahve ve kakaoyu birleştirin. Kaynar su ekleyin ve çözünmesi için karıştırın. Demitasse kaplarına dökün. Çırpılmış krema, rendelenmiş portakal kabuğu ve bir tutam tarçın ile servis yapın.

46. Cçikolatalı Amaretto Kahve

İçindekiler:

- Amaretto kahve çekirdekleri
- 1 yemek kaşığı Vanilya özü
- 1 tatlı kaşığı badem özü
- 1 tatlı kaşığı Kakao tozu
- 1 çay kaşığı şeker
- süslemek için krem şanti

Talimatlar

a) Kahve demleyin.

b) Fincan başına Vanilya ve Badem Özü 1 çay kaşığı kakao ve 1 çay kaşığı şeker ekleyin.

c) Krem şanti ile süsleyin

47. Çikolata Nane Kahve Şamandıra

İçindekiler:

- 1/2 fincan Sıcak Kahve
- 2 yemek kaşığı Crème de Cacao Likörü
- 1 Kepçe Nane Çikolata Parçalı Dondurma

Talimatlar

a) Her porsiyon için 1/2 fincan kahve ve 2 yemek kaşığı karıştırın
b) likör s.
c) Bir top dondurma ile üst.

48. kakaolu kahve

İçindekiler:

- 1/4 su bardağı Toz Sütsüz Kremalı
- 1/3 su bardağı Şeker
- 1/4 fincan Kuru Hazır Kahve
- 2 yemek kaşığı Kakao

Talimatlar

a) Tüm malzemeleri bir karıştırıcıya koyun, iyice karışana kadar yüksek hızda karıştırın.

b) Hava geçirmez bir konserve kavanozunda saklayın.

c) 1 1/2 yemek kaşığı 3/4 su bardağı sıcak su ile karıştırın

49. Kakaolu Fındıklı Mocha

İçindekiler:

- 3/4 oz. kahve likörü

- 1/2 cyukarı Sıcak Fındık Kahvesi

- 1 çay kaşığı Nestle Hızlı
- 2 yemek kaşığı Yarım ve Yarım

Talimatlar

a) En sevdiğiniz cu tüm malzemeleri birleştirin.
b) Karıştırmak

50. çikolatalı naneli kahve

İçindekiler:
- 1/3 fincan Çekilmiş Kahve
- 1 tatlı kaşığı çikolata özü
- 1/2 çay kaşığı Nane Özü
- 1/4 çay kaşığı Vanilya Özü

Talimatlar
a) Kahveyi blendera koyun.
b) Bir fincanda özleri birleştirin, özleri kahveye ekleyin.
c) Karıştırılana kadar işlem yapın, sadece birkaç saniye.
d) Buzdolabında saklayın

51. Cafe Au Lait

İçindekiler:

- 2 su bardağı Süt
- 1/2 su bardağı Ağır krema

- 6 bardakLouisiana kahvesi

Talimatlar

a) Süt ve kremayı tencerede birleştirin; kaynatın (tavanın kenarında kabarcıklar oluşacaktır), ardından ocaktan alın.

b) Her kahve fincanına az miktarda kahve dökün.

c) Kalan kahve ve sıcak süt karışımını fincanların yaklaşık 3/4'ü dolana kadar birlikte dökün.

d) Yağsız süt, tam yağlı süt ve krema ile değiştirilebilir.

52. Çikolatalı İtalyan Kahvesi

İçindekiler:

- 2 su bardağı Sıcak Sert Kahve
- 2 bardak Sıcak Geleneksel Kakao - Hershey markasını deneyin
- Krem şanti
- rendelenmiş portakal kabuğu

Talimatlar

a) 4 kupanın her birinde 1/2 fincan kahve ve 1/2 fincan kakaoyu birleştirin.

b) Çırpılmış krema ile üst; rendelenmiş portakal kabuğu serpin.

53. Yarı Tatlı Mocha

İçindekiler:

- 115 gram. yarı tatlı çikolata
- 1 yemek kaşığı şeker
- 1/4 su bardağı Krem Şanti
- 4 fincan Sıcak Sert Kahve
- Krem şanti
- rendelenmiş portakal kabuğu

Talimatlar

a) Çikolatayı ağır bir tencerede kısık ateşte eritin.

b) Şeker ve krem şantiyi karıştırın.

c) Her seferinde 1/2 fincan olmak üzere bir çırpma teli kullanarak kahveyi çırpın; köpürene kadar devam edin.

d) Üstüne krem şanti ve rendelenmiş portakal kabuğu serpin.

BAHARATLI KAHVE

54. Portakallı Baharatlı Kahve

İçindekiler:

- 1/4 fincan Öğütülmüş kahve
- 1 Yemek Kaşığı Rendelenmiş portakal kabuğu
- 1/2 çay kaşığı Vanilya özü
- 1 1/2 Tarçın çubukları

Talimatlar

a) Kahve ve portakal kabuğunu bir blender veya mutfak robotuna yerleştirin.

b) Vanilyayı eklemek için işlemciyi yeterince durdurun.

c) 10 saniye daha işleyin.

d) Karışımı tarçın çubuklarıyla birlikte bir cam sürahiye koyun ve soğutun.

55. Baharatlı Kahve Kreması

İçindekiler:

- 2 bardak Nestlé'nin hızlı
- 2 su bardağı toz kahve kreması
- 1/2 su bardağı Pudra şekeri
- 3/4 çay kaşığı Tarçın
- 3/4 çay kaşığı Hindistan cevizi

Talimatlar

a) Tüm malzemeleri birlikte karıştırın ve hava geçirmez bir kavanozda saklayın.

b) 4 çay kaşığı bir bardak sıcak su ile karıştırın.

56. Kakule Baharatlı Kahve

İçindekiler:

- 3/4 fincan Çekilmiş Kahve
- 2 2/3 su bardağı Su
- öğütülmüş kakule
- 1/2 su bardağı şekerli yoğunlaştırılmış süt

Talimatlar

a) Kahveyi damlama tarzında veya süzgeçli kahve makinesinde demleyin.
b) 4 bardağa dökün.
c) Her porsiyona bir tutam Kakule ve 2 yemek kaşığı yoğunlaştırılmış süt ekleyin.
d) Karıştırmak
e) Servis

57. Cafe de Ola

İçindekiler:

- 8 su bardağı süzülmüş su
- 2 küçük çubuk tarçın
- 3 Bütün Karanfil
- 4 ons koyu esmer şeker
- 1 Kare Yarı Tatlı Çikolata veya Meksika Çikolatası
- 4 ons Çekilmiş Kahve

Talimatlar

a) Suyu kaynamaya getirin.
b) Tarçın, karanfil, şeker ve çikolatayı ekleyin.
c) Tekrar kaynatın, köpüğü alın.
d) Isıyı düşük seviyeye düşürün ve KAYNAMASINA İZİN VERMEYİN
e) Kahveyi ekleyin ve 5 dakika demlenmesine izin verin.

58. Vanilyalı Badem Kahvesi

İçindekiler:

- 1/3 fincan öğütülmüş Kahve
- 1 çay kaşığı Vanilya Özü
- 1/2 çay kaşığı Badem Özü
- 1/4 çay kaşığı Anason Tohumu

Talimatlar

a) Kahveyi bir karıştırıcıya yerleştirin
b) Kalan malzemeleri ayrı bir kapta birleştirin
c) Blenderdaki kahveye özü ve tohumları ekleyin
d) Birleştirilene kadar işlem
e) Kahve demlerken karışımı her zamanki gibi kullanın
f) 8-6 ons porsiyon yapar
g) Kullanılmayan kısmı buzdolabında saklayın

59. Arap Cavası

İçindekiler:

- 1 litre Filtrelenmiş Su
- 3 yemek kaşığı kahve
- 3 yemek kaşığı şeker
- 1/4 çay kaşığı Tarçın
- 1/4 çay kaşığı Kakule
- 1 tatlı kaşığı Vanilya veya Vanilya Şekeri

Talimatlar

a) Tüm malzemeleri bir sos tenceresinde karıştırın ve üstte köpük oluşana kadar ısıtın.

b) Filtreden geçirmeyin.

c) Servis yapmadan önce karıştırın

60. ballı kahve

İçindekiler:

- 2 su bardağı Taze Kahve
- 1/2 su bardağı Süt
- 4 yemek kaşığı bal
- 1/8 çay kaşığı Tarçın
- Küçük Hindistan Cevizi veya Yenibahar
- Damla veya 2 Vanilya Özü

Talimatlar

a) Malzemeleri bir tencerede ısıtın, ancak kaynatmayın.

b) Malzemeleri birleştirmek için iyice karıştırın.

c) Enfes bir tatlı kahve.

61. Cafe Viyana Arzu

İçindekiler:

- 1/2 fincan Hazır kahve
- 2/3 su bardağı Şeker
- 2/3 su bardağı yağsız süt
- 1/2 çay kaşığı Tarçın
- 1 tutam karanfil - zevkinize göre ayarlayın
- 1 tutam Yenibahar - zevkinize göre ayarlayın
- 1 tutam Hindistan cevizi-tadına göre ayarlayın

Talimatlar

a) Tüm malzemeleri birlikte karıştırın

b) Çok ince bir toz haline getirmek için bir blender kullanın. Sıcak filtrelenmiş su bardağı başına 1 yemek kaşığı kullanın.

62. Tarçınlı Baharatlı Kahve

İçindekiler:

- 1/3 fincan hazır kahve
- 3 yemek kaşığı şeker
- 8 Bütün karanfil
- 3 inç çubuk tarçın
- 3 su bardağı Su
- Krem şanti
- öğütülmüş tarçın

Talimatlar

a) 1/3 fincan hazır kahve, 3 yemek kaşığı şeker, karanfil, çubuk tarçın ve suyu birleştirin.

b) Örtün, kaynatın. Ateşten alın ve üstü kapalı olarak yaklaşık 5 dakika demlenmesi için bekletin.

c) Gerginlik. Bardaklara dökün ve her birinin üzerine birer kaşık krem şanti koyun. Bir tutam tarçın ekleyin.

63. Tarçınlı Espresso

İçindekiler:

- 1 su bardağı Soğuk su
- 2 yemek kaşığı öğütülmüş espresso kahve
- 1/2 Tarçın çubuğu (3" uzunluğunda)
- 4çay kaşığıKakaolu krema
- 2 çay kaşığı Brendi
- 2 yemek kaşığı Soğutulmuş krem şanti Süslemek için rendelenmiş yarı tatlı çikolata

Talimatlar

a) Kullanmakt için espresso makinenizaz miktarda Filtrelenmiş su ile onun veya gerçekten güçlü kahve.

b) Tarçın çubuğunu küçük parçalara ayırın ve sıcak espressoya ekleyin.

c) 1 dakika soğumaya bırakın.

d) Crème de cacao ve brendi ekleyin ve hafifçe karıştırın. Demitasse'a dökün

e) Bardaklar. Kremayı çırpın ve her bir bardağın üzerine biraz krema sürün. Rendelenmiş çikolata veya çikolata bukleleri ile süsleyin.

64. Meksika Baharatlı Kahve

İçindekiler:

- 3/4 su bardağı esmer şeker, sıkıca paketlenmiş
- 6 Karanfil
- 6 Jülyen dilim portakal kabuğu rendesi
- 3 Tarçın çubuğu
- 6 yemek kaşığı Gerçek demlenmiş Kahve

Talimatlar

a) Büyük bir tencerede, 6 bardak suyu esmer şeker, tarçın çubukları ve karanfil ile orta ateşte karışım sıcak olana kadar ısıtın, ancak kaynamasına izin vermeyin. Kahveyi ekleyin, karışımı ara sıra karıştırarak 3 dakika kaynatın.

b) Kahveyi ince bir süzgeçten süzün ve portakal kabuğu rendesi ile kahve fincanlarında servis edin.

65. Vietnam Yumurta Kahvesi

İçindekiler:

- 1 yumurta
- 3 çay kaşığı Vietnamca kahve tozu
- 2 çay kaşığı şekerli yoğunlaştırılmış süt
- Kaynayan su

Talimatlar

a) Küçük bir c demleyinkadar Vietnam kahvesi.

b) Bir yumurtayı kırın ve beyazları atın.

c) Sarısı ve şekerli yoğunlaştırılmış sütü küçük, derin bir kaba koyun ve yukarıdaki gibi köpüklü, kabarık bir karışım elde edene kadar kuvvetlice çırpın.

d) Demlenmiş kahveden bir yemek kaşığı ekleyin ve çırpın.

e) Berrak bir kahve fincanına demlenmiş kahvenizi dökün ve üzerine kabarık yumurta karışımını ekleyin.

66. Türk kahvesi

İçindekiler:

- 3/4 su bardağı Su
- 1 yemek kaşığı şeker
- 1 Yemek Kaşığı Toz Kahve
- 1 Kakule Bölmesi

Talimatlar

a) Su ve şekeri kaynama noktasına getirin.

b) Isıdan çıkarın-kahve ve kakule ekleyin

c) İyice karıştırın ve ısıya geri dönün.

d) Kahve köpürdüğünde, ocaktan alın ve telvenin yerleşmesine izin verin.

e) İki kez daha tekrarlayın. Bardaklara dökün.

f) Kahve telvesi içmeden önce çökmelidir.

g) Kahveyi fincanda kakule pod ile servis edebilirsiniz - tercihinize göre

Türk Kahvesi İpuçları

h) Her zaman üstte köpük ile servis edilmelidir.

i) Türk Kahvesi için kahvenizin öğütülmesini talep edebilirsiniz-toz kıvamındadır.

j) Köpük çökeceği için bardaklara döktükten sonra karıştırmayın.

k) Hazırlarken daima soğuk su kullanın

l)   Türk Kahvesine asla krema veya süt
     eklenmez; ama şeker isteğe bağlı

67. Kabak Baharatlı Latte

İçindekiler:

- 2 yemek kaşığı konserve kabak
- 1/2 çay kaşığı balkabağı turtası baharatı ve süslemek için daha fazlası
- Taze çekilmiş karabiber
- 2 yemek kaşığı şeker
- 2 yemek kaşığı saf vanilya özü
- 2 su bardağı tam yağlı süt
- 1 ila 2 shot espresso, yaklaşık 1/4 fincan
- Sert tepeler oluşana kadar çırpılmış 1/4 fincan krema

Talimatlar

a) Balkabağını ve baharatları ısıtın: Küçük bir tencerede orta ateşte balkabağını, balkabağı turtası baharatı ve bol miktarda karabiber ile 2 dakika veya sıcak olana ve kokusu çıkana kadar pişirin. Sürekli karıştırın.

b) Şekeri ekleyin ve karışım kabarcıklı kalın bir şurup gibi görünene kadar karıştırın.

c) Süt ve vanilya özütünü çırpın. Orta ateşte hafifçe ısıtın, taşmadığından emin olmak için dikkatlice izleyin.

d) Süt karışımını bir el blenderi ile veya geleneksel bir karıştırıcıda (kapağı kalın bir havluyla sıkıca tutun!) köpük köpük olana ve karışana kadar dikkatlice işleyin.

e) İçecekleri karıştırın: Espresso veya kahve yapın ve iki bardağa bölün ve köpürtülmüş sütü ekleyin.

f) Üzerine krem şanti ve isteğe göre balkabağı turtası baharatı, tarçın veya hindistan cevizi serpin.

68. karamelli latte

İçindekiler:

- 2 ons espresso
- 10 ons süt
- 2 yemek kaşığı ev yapımı karamel sosu artı çiselemek için daha fazlası
- 1 yemek kaşığı şeker (isteğe bağlı)

Talimatlar

a) Espressoyu bir bardağa dökün.

b) Sütü geniş bir cam veya cam kavanoza koyun ve çok sıcak olana, ancak kaynamayana kadar 30 saniye mikrodalgada tutun.

c) Alternatif olarak, sütü bir tencerede orta ateşte yaklaşık 5 dakika çok sıcak olana kadar ısıtın, ancak kaynatmadan dikkatlice izleyin.

d) Sıcak süte karamel sosu ve şekeri (kullanılıyorsa) ekleyin ve eriyene kadar karıştırın.

e) Bir süt köpürtücü kullanarak, herhangi bir baloncuk görmeyene ve 20 ila 30 saniye arasında kalın bir köpük elde edene kadar sütü köpürtün. Bardağı döndürün ve daha büyük baloncukları patlatmak için tekrar tekrar tezgaha hafifçe vurun. Bu adımı gerektiği kadar tekrarlayın.

f) Köpüğü tutmak için bir kaşık kullanarak sütü espressoya dökün. Kalan köpüğü üstüne dökün.

FRAPPUCCINO VE KAPPUCİNO

69. Karamelli Frappuccino

İçindekiler:

- 1/2 fincan soğuk kahve
- 3 yemek kaşığı şeker
- 1/2 su bardağı süt
- 2 bardak buz
- Krem şanti - üstüne fışkırtabileceğiniz konserve türünü kullanın
- 3 yemek kaşığı karamel sundae sos

Talimatlar

a) Tüm malzemeleri bir karıştırıcıda birleştirin

b) Buz kırılana ve pürüzsüz hale gelene kadar içeceği karıştırın

c) Soğutulmuş kahve fincanlarında çırpılmış krema ve üzerine karamel sosu gezdirerek servis yapın.

70. Ahududu Frappuccino

İçindekiler:

- 2 su bardağı kırılmış buz küpleri
- 1 1/4 fincan-ekstra güçlü demlenmiş kahve
- 1/2 su bardağı süt
- 2 yemek kaşığı vanilya veya ahududu şurubu
- 3 yemek kaşığı çikolata şurubu
- Krem şanti

Talimatlar

a) Buz küplerini, kahveyi, sütü ve şurupları bir karıştırıcıda birleştirin.

b) Güzelce pürüzsüz olana kadar karıştırın.

c) Soğutulmuş uzun servis kupalarına veya soda fıskiyeli bardaklara dökün.

d) Üzerine krem şanti, çiseleyen çikolata ve ahududu şurubu sürün.

e) İsterseniz bir maraschino kirazı ekleyin

71. Kahveli Milk Shake

İçindekiler:

- 2 su bardağı Süt
- 2 yemek kaşığı Şeker
- 2 çay kaşığı hazır kahve
- 3 yemek kaşığı vanilyalı dondurma
- Soğuk olan güçlü kahve

Talimatlar

a) Tüm malzemeleri belirtilen sıraya göre blendera ekleyin ve karışana kadar yüksek devirde karıştırın.

b) Soda çeşme bardaklarında servis yapın.

72. Moka Frappe

İçindekiler:

- 18 buz küpü (22'ye kadar)
- 7 oz. Çift güçlü kahve, soğutulmuş
- 1/2 su bardağı çikolata sosu (veya şurubu)
- 2 yemek kaşığı Vanilya Şurubu
- Krem şanti

Talimatlar

a) Bir blender kullanın.

b) Karıştırıcıya buz, kahve, çikolata sosu ve şurubu koyun. Pürüzsüz olana kadar karıştır. Büyük, uzun, soğutulmuş bir soda fıskiyesi bardağına dökün.

c) Üzerini krem şanti veya bir top dondurma ile süsleyin.

73. Anında Karamelli Frappuccino

İçindekiler:

- 1/3 bardak buz
- 1/3 bardak süt
- 1 yemek kaşığı hazır kahve
- 2 yemek kaşığı karamel şurubu

Talimatlar

a) Tüm malzemeleri, buz güzelce kırılana ve süt köpürene kadar bir karıştırıcıda karıştırın.

b) Hemen servis yapın.

74. mango frapesi

İçindekiler:

- 1 1/2 bardak Mango, doğranmış
- 4-6 Buz Küpleri
- 1 su bardağı süt
- 1 yemek kaşığı Limon Suyu
- 2 yemek kaşığı şeker
- 1/4 çay kaşığı Vanilya Özü

Talimatlar

a) Kesilmiş Mango'yu 30 dakika dondurucuya koyun.

b) Mango, süt, şeker, limon suyu ve vanilyayı bir karıştırıcıda birleştirin. Pürüzsüz olana kadar karıştır.

c) Buz küplerini ekleyin ve küpler de pürüzsüz olana kadar işleyin.

d) Hemen servis yapın.

75. Kafe Kapuçino

İçindekiler:

- 1/2 fincan Hazır Kahve
- 3/4 su bardağı Şeker
- 1 su bardağı Yağsız Kuru Süt
- 1/2 tatlı kaşığı Kurutulmuş Portakal Kabuğu

Talimatlar

a) Kurutulmuş portakal kabuğunu havanda ve havanda ezin

b) Her bir bardak sıcak su için 2 yemek kaşığı kullanın.

76. kapuçino sallamak

İçindekiler:

- 1 su bardağı Yağsız Süt
- 1 1/2 çay kaşığı Hazır Kahve
- 2 paket yapay tatlandırıcı
- 1/4 ons Brendi veya Rom Aroması
- 1 Tarçın Tarçın

Talimatlar

a) Bir karıştırıcıda süt, kahve, tatlandırıcı
   ve Brendi veya rom özünü birleştirin.
b) Kahve eriyene kadar karıştırın.
c) Bir tutam tarçın ile servis yapın.
d) Sıcak bir içecek için mikrodalgada ısıtın.

77. kremalı kapuçino

İçindekiler:

- 1/4 fincan Anında Espresso veya Anında Koyu Kavrulmuş Kahve
- 2 su bardağı Kaynar Su
- 1/2 su bardağı Ağır Krem, çırpılmış
- Tarçın, Hindistan cevizi veya ince rendelenmiş Portakal Kabuğu
- Şeker

Talimatlar

a) Kahveyi kaynar suda eritin, Küçük, uzun bardaklara dökün.

b) Sadece yarı yolda doldurma.

Bir tire ekleyin:

a) Tarçın, Hindistan cevizi veya ince rendelenmiş Portakal Kabuğu

b) Kremayı kahveye katlayın.

78. Dondurulmuş Kapuçino

İçindekiler:

- 2 kaşık Vanilyalı Dondurulmuş Yoğurt- Bölünmüş
- 1/2 su bardağı Süt
- 1 yemek kaşığı Hershey Çikolata Tozu
- 1 1/2 çay kaşığı Hazır Kahve Granülleri

Talimatlar

a) 1 ölçek donmuş yoğurt, süt, çikolata tozu ve kahve granüllerini bir mutfak robotu veya blender içine koyun.

b) 30 saniye veya pürüzsüz olana kadar işleyin.

c) Uzun bir soda fıskiyesi bardağına dökün.

d) Kalan yoğurt kepçesiyle üstünü kapatın.

MEYVELİ KAHVE

79. Ahududu Kahvesi

İçindekiler:

- 1/4 su bardağı esmer şeker
- 6 fincan normal kahve için kahve telvesi

- 2 çay kaşığı Ahududu Özü

Talimatlar

a) Ahududu özünü boş cezveye koyun

b) Kahve filtresine kahverengi şeker ve kahve telvesi koyun

c) Üzerine 6 su bardağı suyu ekleyip tencereyi demleyin.

80. Noel Kahvesi

İçindekiler:

- 1 fincan kahve (10 fincan eşdeğeri)
- 1/2 su bardağı şeker
- 1/3 su bardağı su
- 1/4 su bardağı şekersiz kakao
- 1/4 çay kaşığı tarçın
- 1 tutam rendelenmiş hindistan cevizi
- Üzeri için krem şanti

Talimatlar

a) Demlik kahve hazırlayın.

b) Orta boy bir sos tavasında suyu düşük kaynama noktasına kadar ısıtın. Şeker, kakao, tarçın ve hindistan cevizi ekleyin.

c) Ara sıra karıştırarak yaklaşık bir dakika kısık ateşte kaynatın.

d) Kahve ve kakao/baharat karışımını birleştirin ve çırpılmış krema ile servis yapın.

81. Zengin Hindistan Cevizi Kahvesi

İçindekiler:

- 2 bardak Yarım buçuk
- 15 oz. Hindistan cevizi kreması olabilir
- 4 su bardağı sıcak demlenmiş kahve
- Şekerli krem şanti

Talimatlar

a) Yarım buçuk ve hindistancevizi kremasını bir tencerede orta ateşte sürekli karıştırarak kaynatın.

b) Kahveyi karıştırın.

c) Tatlandırılmış çırpılmış krema ile servis yapın.

82. Çikolatalı Muzlu Kahve

İçindekiler:

- Normal kahvenizden 12 fincan demlik yapın

- 1/2-1 ts ekleyinp Muz Özü

- 1-11/2 çay kaşığı kakao ekleyin

Talimatlar

a) birleştir

b) Çok basit...ve misafir dolu bir ev için mükemmel

83. Kara Orman Kahvesi

İçindekiler:

- 6 oz. Taze demlenmiş kahve
- 2 yemek kaşığı çikolata şurubu
- 1 yemek kaşığı Maraschino vişne suyu
- Krem şanti
- traş çikolata
- Maraschino kirazı

Talimatlar

a) Kahve, çikolata şurubu ve vişne suyunu bir kapta birleştirin. İyice karıştırın.

b) Çırpılmış krema ile çikolata talaşı ve bir vişne veya 2.

84. Maraschino Kahvesi

İçindekiler:

- 1 fincan sade kahve
- 1 oz. Amaretto
- çırpılmış tepesi
- 1 Maraschino kirazı

Talimatlar

a) Kahve kupasını veya fincanını sıcak siyah kahve ile doldurun. Amarettoyu karıştırın.

b) Çırpılmış tepesi ve bir kiraz ile üst.

85. Çikolatalı Badem Kahvesi

İçindekiler:

- 1/3 fincan öğütülmüş kahve
- 1/4 çay kaşığı Taze çekilmiş hindistan cevizi
- 1/2 çay kaşığı çikolata özü
- 1/2 çay kaşığı badem özü
- 1/4 su bardağı kavrulmuş badem, doğranmış

Talimatlar

a) Küçük hindistan cevizi ve kahveyi işleyin, özleri ekleyin. 10 saniye daha uzun işlem yapın. Bir kaseye alıp bademleri karıştırın. Buzdolabında saklayın.

b) 8 altı ons porsiyon yapar. Demlemek için: Karışımı otomatik damlama kahve makinesinin filtresine yerleştirin.

c) 6 su bardağı su ekleyin ve demleyin

86. Kahve Soda Pop

İçindekiler:

- 3 fincan Soğutulmuş çift katı kahve
- 1 yemek kaşığı şeker
- 1 su bardağı Yarım ve yarım
- 4 top (1 pint) kahveli dondurma
- 3/4 su bardağı Soğutulmuş kulüp sodası
- Şekerli krem şanti
- 4 Maraschino kirazı,
- Garnitür-çikolatalı bukleler veya kakao

Talimatlar

a) Kahve ve şeker karışımını yarı yarıya birleştirin.

b) 4 uzun soda bardağını yarısına kadar kahve karışımıyla doldurun

c) Bir top dondurma ekleyin ve bardakları sodayla doldurun.

d) Krem şanti, çikolata veya kakao ile süsleyin.

e) Partiler için harika bir muamele

f) Gençlerle partiler için kafeinsiz kullanın

87. Viyana Kahvesi

İçindekiler:

- 2/3 fincan kuru hazır kahve
- 2/3 su bardağı şeker
- 3/4 su bardağı toz süt içermeyen krema
- 1/2 çay kaşığı tarçın
- Yenibahar, karanfil ve hindistancevizi öğütün.

Talimatlar

a) Tüm malzemeleri birlikte karıştırın ve hava geçirmez bir kavanozda saklayın.

b) 4 çay kaşığı bir bardak sıcak su ile karıştırın.

c) Bu harika bir hediye olur.

d) Tüm malzemeleri bir konserve kavanozuna koyun.

e) Bir kurdele ile süsleyin ve etiket asın.

f) Askı etiketi, üzerinde daktilo edilmiş karıştırma talimatlarına sahip olmalıdır.

88. Espresso Romano

İçindekiler:

- 1/4 fincan İnce Öğütülmüş Kahve
- 1 1/2 su bardağı Soğuk Su
- 2 şerit limon kabuğu

Talimatlar

a) Öğütülmüş kahveyi damlama cezvesinin filtresine koyun
b) Su ekleyin ve makine demleme talimatlarına göre demleyin
c) Her bardağa limon ekleyin
d) Servis

KAHVE KARIŞIMLARI

89. Cafe Au Lait

İçindekiler:

- 1 su bardağı Süt
- 1 su bardağı hafif krema
- 3 yemek kaşığı hazır kahve
- 2 su bardağı Kaynar su

Talimatlar

a) Kısık ateşte sütü ve kremayı sıcak olana kadar ısıtın. Bu sırada kahveyi kaynar suda eritin. Servis yapmadan önce, süt karışımını köpürene kadar döner çırpıcı ile çırpın. Süt Karışımını ısıtılmış sürahiye, kahveyi ayrı bir sürahiye dökün.

b) Servis yapmak için: Her iki sürahiden aynı anda dökerek bardakları doldurun, döktükçe dereler buluşsun.

c) Bu kahve harika bir sunumun yanı sıra lezzetli bir iyilik yapar.

90. Anında Portakal Kapuçino

İçindekiler:

- 1/3 su bardağı Toz süt içermeyen krema
- 1/3 su bardağı Şeker
- 1/4 Kuru hazır kahve
- 1 veya 2 portakallı sert şeker (ezilmiş)

Talimatlar

a) Tüm malzemeleri mikserde karıştırın.

b) 1 yemek kaşığı 3/4 su bardağı sıcak su ile karıştırın.

c) Hava geçirmez kavanozda saklayın.

91. İsviçre Tarzı Mocha Karışımı

İçindekiler:

- 1/2 su bardağı hazır kahve granülleri
- 1/2 su bardağı Şeker
- 2 yemek kaşığı Kakao
- 1 su bardağı yağsız kuru süt tozu

Talimatlar

a) Hepsini birleştirin ve iyice karıştırın. Karışımı hava geçirmez bir kapta saklayın.

b) Her porsiyon için:

c) 1 yemek kaşığı + 1 tatlı kaşığı koyun. bir bardağa karıştırın.

d) 1 su bardağı kaynar su ekleyin ve iyice karıştırın.

92. Hazır Kremalı İrlanda Kahvesi

İçindekiler:

- 1 1/2 Bardak Ilık Su
- 1 yemek kaşığıHazır Kahve Kristalleri
- 1/4 su bardağı İrlanda Viski
- Esmer Şeker
- şanti

Talimatlar

a) 2 fincan ölçüsünde su ve hazır kahve kristallerini birleştirin. Mikrodalga, üstü açık, %100 güçte yaklaşık 4 dakika veya buharlaşana kadar.

b) İrlanda viskisi ve esmer şekeri karıştırın. Bardaklarda servis yapın.

c) Her bir bardağı çırpılmış tepesi ile doldurun.

93. Mocha Kahve Karışımı

İçindekiler:

- 1/4 su bardağı Toz süt içermeyen krema
- 1/3 su bardağı Şeker
- 1/4 su bardağı kuru hazır kahve
- 2 yemek kaşığı. Kakao

Talimatlar

a) Tüm malzemeleri miksere koyun, iyice karışana kadar yüksek devirde çırpın. 1 1/2 yemek kaşığı karıştırın

b) bir bardak sıcak su ile.

c) Hava geçirmez kavanozda saklayın. Konserve kavanozu gibi.

94. Mocha Hazır Kahve

İçindekiler:

- 1 su bardağı hazır kahve kristalleri
- 1 su bardağı sıcak çikolata veya kakao karışımı
- 1 su bardağı süt içermeyen krema
- 1/2 su bardağı Şeker

Talimatlar

a) Tüm malzemeleri birleştirin; iyice karıştırın. Sıkıca kapatılmış bir kavanozda saklayın. Bir konserve kavanozu deneyin.

b) Servis yapmak için: Bir fincan veya bardağa 1 1/2 - 2 yemek kaşığı koyun.

c) Bardağı doldurmak için kaynar suda karıştırın.

d) 3 1/2 fincan kahve karışımı veya yaklaşık 25 veya daha fazla porsiyon yapar.

95. Viyana Kahve Karışımı

İçindekiler:

- 2/3 fincan (yetersiz) kuru hazır kahve
- 2/3 su bardağı Şeker
- 3/4 su bardağı toz sütsüz krema
- 1/2 çay kaşığı Tarçın
- çizgi Zemin yenibahar
- karanfil
- küçük hindistan cevizi

Talimatlar

a) Tüm malzemeleri karıştırın ve hava geçirmez bir kavanozda saklayın.

b) 4 çay kaşığı 1 su bardağı sıcak su ile karıştırın.

96. Nightcap Kahve Karışımı

İçindekiler:

- 2/3 su bardağı sütsüz kahve kreması
- 1/3 fincan Anında Kafeinsiz kahve granülleri
- 1/3 su bardağı toz şeker
- 1 tatlı kaşığı öğütülmüş kakule
- 1/2 çay kaşığı öğütülmüş tarçın

Talimatlar

a) Tüm malzemeleri orta boy bir kapta birleştirin; iyice karışana kadar karıştırın.

b) Hava geçirmez kapta saklayın. 1 1/3 fincan kahve karışımı verir

c) 1 yığın çorba kaşığı kahve karışımını 8 ons sıcak suya dökün. İyice karışana kadar karıştırın.

97. kapuçino karışımı

İçindekiler:

- 6 çay kaşığı hazır kahve
- 4 yemek kaşığı şekersiz kakao
- 1 tatlı kaşığı öğütülmüş tarçın
- 5 yemek kaşığı şeker
- Krem şanti

Talimatlar

a) Tüm malzemeleri karıştırın.

b) Bir porsiyon kahve yapmak için 1 yemek kaşığı karışımdan büyük bir bardağa koyun; üzerine 1 buçuk su bardağı kaynar su dökün ve karıştırın.

c) Çırpılmış krema ile üst

98. Kafe Kapuçino Karışımı

İçindekiler:

- 1/2 fincan Hazır kahve
- 3/4 su bardağı Şeker
- 1 su bardağı yağsız kuru süt
- 1/2 tatlı kaşığı kurutulmuş portakal kabuğu

Talimatlar

a) Kurutulmuş portakal kabuğunu havan ve tokmakla ezin. Tüm malzemeleri birlikte karıştırın.

b) Toz haline gelene kadar birleştirmek için bir blender kullanın.

c) Her porsiyon için:

d) Her bir bardak sıcak su için 2 yemek kaşığı kullanın.

e) Yaklaşık 2 1/4 bardak karışım yapar.

99. Louisiana Sütlü Kafe

İçindekiler:

- 2 su bardağı Süt
- Şeker
- 1 fincan Louisiana kahvesi

Talimatlar

a) Sütü tencereye koyun; kaynamaya getirin.

b) Sıcak taze demlenmiş kahveyi ve sütü aynı anda fincanlara dökün; tatlandırmak için şekerle tatlandırın.

100. Batı Hint Adaları Kahvesi

İçindekiler:

- 3 1/2 su bardağı Tam Süt
- 1/4 fincan hazır kahve
- 1/4 su bardağı esmer şeker
- 1 çizgi Tuz

Talimatlar

a) Fincanınıza hazır kahve, esmer şeker ve tuzu koyun.

b) Sütü kaynamaya başlayana kadar dikkatli bir şekilde getirin. Çözmek için karıştırın.

c) Ağır kupalarda servis yapın.

d) 4 porsiyon yapar.

ÇÖZÜM

Sadece kahvenin tadını seven milyonlarca insan var. Bu lezzet, piyasada bulunan çok çeşitli kahve aromaları, kavurmaları ve çeşitleri nedeniyle her kahve içicisi için farklıdır. Bazı insanlar koyu kahve aromasını severken, diğerleri pürüzsüz ve yumuşak olan daha hafif bir kavurmayı sever.

Lezzet ne olursa olsun, insanlar sabah kahvelerinin cazibesine kapılırlar. İnsanların kahve içmesinin en önemli nedenleri, içilebilecek kahve türleri kadar çeşitlidir. İnsanların kahve içme sebepleri ne olursa olsun, su tüketiminde ikinci sırada yer alıyor ve her gün kahve içenlerin sayısı, içme nedenlerini listeye ekleyerek muazzam bir şekilde artıyor.

Bir kahve tutkunuysanız veya yeni bir mühtediyseniz, bu yemek kitabı kahve sevginizi derinleştirmenin uzun bir yolunu bulacak!

Mutlu Bira!

CPSIA information can be obtained
at www.ICGtesting.com
Printed in the USA
BVHW060016200722
642495BV00003B/37